LOL!

This Book Belongs to:

Date:

"

Student name:

Date:

"

Student name:

Date:

"

Student name:

Date:

"

student name:

Date:

"

student name:

Date:

"

student name:

Date:

"

"

Student name:

Date:

"

"

Student name:

Date:

"

"

Student name:

Date:

"

"

student name:

Date:

"

"

student name:

Date:

"

"

student name:

Date:

"

"

student name:

Date:

"

"

student name:

Date:

"

"

student name:

Date:

"

student name:

Date:

"

student name:

Date:

"

student name:

Date:

"

"

Student name:

Date:

"

"

Student name:

Date:

"

"

Student name:

Date:

"

"

student name:

Date:

"

"

student name:

Date:

"

"

student name:

Date:

"

"

Student name:

Date:

"

"

Student name:

Date:

"

"

Student name:

Date:

"

"

student name:

Date:

"

"

student name:

Date:

"

"

student name:

Date:

"

"

student name:

Date:

"

"

student name:

Date:

"

"

student name:

Date:

"

"

student name:

Date:

"

"

student name:

Date:

"

"

student name:

Date:

"

" "

Student name:

Date:

"

" "

Student name:

Date:

"

" "

Student name:

Date:

"

student name:

Date:

"

student name:

Date:

"

student name:

Date:

"

"

student name:

Date:

"

"

student name:

Date:

"

"

student name:

Date:

"

student name:

Date:

"

student name:

Date:

"

student name:

Date:

"

"

Student name:

Date:

"

"

Student name:

Date:

"

"

Student name:

Date:

"

"

student name:

Date:

"

"

student name:

Date:

"

"

student name:

Date:

"

"

student name:

Date:

"

"

student name:

Date:

"

"

student name:

Date:

"

"

student name:

Date:

"

"

student name:

Date:

"

"

student name:

Date:

" _____

_____

_____

_____

_____ ,,

student name: _____

Date:

" _____

_____

_____

_____

_____ ,,

student name: _____

Date:

" _____

_____

_____

_____

_____ ,,

student name: _____

Date:

"

"

student name:

Date:

"

"

student name:

Date:

"

"

student name:

Date:

"

''

student name:

Date:

"

''

student name:

Date:

"

''

student name:

Date:

"

"

student name:

Date:

"

"

student name:

Date:

"

"

student name:

Date:

"

"

Student name:

Date:

"

"

Student name:

Date:

"

"

Student name:

Date:

" _____

_____

_____

_____

                                    "

    student name: _____

Date:

" _____

_____

_____

_____

                                    "

    student name: _____

Date:

" _____

_____

_____

_____

                                    "

    student name: _____

Date:

"

student name:

Date:

"

student name:

Date:

"

student name:

Date:

"

"

student name:

Date:

"

"

student name:

Date:

"

"

student name:

Date:

"

student name:

Date:

"

student name:

Date:

"

student name:

Date:

"

"

student name:

Date:

"

"

student name:

Date:

"

"

student name:

Date:

"

"

student name:

Date:

"

"

student name:

Date:

"

"

student name:

Date:

"

"

student name:

Date:

"

"

student name:

Date:

"

"

student name:

Date:

"

""

student name:

Date:

"

""

student name:

Date:

"

""

student name:

Date:

"

"

student name:

Date:

"

"

student name:

Date:

"

"

student name:

Date:

"

"

Student name:

Date:

"

"

Student name:

Date:

"

"

Student name:

Date:

"

"

student name:

Date:

"

"

student name:

Date:

"

"

student name:

Date:

"

"

Student name:

Date:

"

"

Student name:

Date:

"

"

Student name:

Date:

"

"

student name:

Date:

"

"

student name:

Date:

"

"

student name:

Date:

"

"

STUDENT NAME:

Date:

"

"

STUDENT NAME:

Date:

"

"

STUDENT NAME:

Date:

" _____

_____

_____

_____

_____ "

STUDENT name:

Date:

" _____

_____

_____

_____

_____ "

STUDENT name:

Date:

" _____

_____

_____

_____

_____ "

STUDENT name:

Date:

"

"

Student name:

Date:

"

"

Student name:

Date:

"

"

Student name:

Date:

"

"

student name:

Date:

"

"

student name:

Date:

"

"

student name:

Date:

"

student name:

Date:

"

student name:

Date:

"

student name:

Date:

"

"

student name:

Date:

"

"

student name:

Date:

"

"

student name:

Date:

"

"

Student name:

Date:

"

"

Student name:

Date:

"

"

Student name:

Date:

"

"

student name:

Date:

"

"

student name:

Date:

"

"

student name:

Date:

"

"

Student name:

Date:

"

"

Student name:

Date:

"

"

Student name:

Date:

"

"

student name:

Date:

"

"

student name:

Date:

"

"

student name:

Date:

"

"

student name:

Date:

"

"

student name:

Date:

"

"

student name:

Date:

"

"

student name:

Date:

"

"

student name:

Date:

"

"

student name:

Date:

"

"

STUDENT NAME:

Date:

"

"

STUDENT NAME:

Date:

"

"

STUDENT NAME:

Date:

"

"

Student name:

Date:

"

"

Student name:

Date:

"

"

Student name:

Date:

" _____

_____

_____

_____

_____ "

Student name:

Date:

" _____

_____

_____

_____

_____ "

Student name:

Date:

" _____

_____

_____

_____

_____ "

Student name:

Date:

"

"

student name:

Date:

"

"

student name:

Date:

"

"

student name:

Date:

"

student name:

Date:

"

student name:

Date:

"

student name:

Date:

"

"

student name:

Date:

"

"

student name:

Date:

"

"

student name:

Date:

"

"

STUDENT NAME:

Date:

"

"

STUDENT NAME:

Date:

"

"

STUDENT NAME:

Date:

"

student name:

Date:

"

student name:

Date:

"

student name:

Date:

"

"

student name:

Date:

"

"

student name:

Date:

"

"

student name:

Date:

"

"

student name:

Date:

"

"

student name:

Date:

"

"

student name:

Date:

"

"

Student name:

Date:

"

"

Student name:

Date:

"

"

Student name:

Date:

"

"

Student name:

Date:

"

"

Student name:

Date:

"

"

Student name:

Date:

"

"

Student name:

Date:

"

"

Student name:

Date:

"

"

Student name:

Date:

"

"

student name:

Date:

"

"

student name:

Date:

"

"

student name:

Date:

"

Student name:

Date:

"

Student name:

Date:

"

Student name:

Date:

"

"

student name:

Date:

"

"

student name:

Date:

"

"

student name:

Date:

"

student name:

Date:

"

student name:

Date:

"

student name:

Date:

"

"

student name:

Date:

"

"

student name:

Date:

"

"

student name:

Date:

"

"

student name:

Date:

"

"

student name:

Date:

"

"

student name:

Date:

"

"

student name:

Date:

"

"

student name:

Date:

"

"

student name:

Date:

"

"

student name:

Date:

"

"

student name:

Date:

"

"

student name:

Date:

"

"

student name:

Date:

"

"

student name:

Date:

"

"

student name:

Date:

"

"

student name:

Date:

"

"

student name:

Date:

"

"

student name:

Date:

"

"

Student name:

Date:

"

"

Student name:

Date:

"

"

Student name:

Date:

"

"

student name:

Date:

"

"

student name:

Date:

"

"

student name:

Date:

"

"

student name:

Date:

"

"

student name:

Date:

"

"

student name:

Date:

"

"

student name:

Date:

"

"

student name:

Date:

"

"

student name:

Date:

"

"

Student name:

Date:

"

"

Student name:

Date:

"

"

Student name:

Date:

"

"

student name:

Date:

"

"

student name:

Date:

"

"

student name:

Date:

"

"

student name:

Date:

"

"

student name:

Date:

"

"

student name:

Date:

"

"

student name:

Date:

"

"

student name:

Date:

"

"

student name:

Date:

"

"

student name:

Date:

"

"

student name:

Date:

"

"

student name:

Date:

"

"

student name:

Date:

"

"

student name:

Date:

"

"

student name:

Date:

"

"

Student name:

Date:

"

"

Student name:

Date:

"

"

Student name:

Date:

"

"

student name:

Date:

"

"

student name:

Date:

"

"

student name:

Date:

"

                                                              "

student name:

Date:

"

                                                              "

student name:

Date:

"

                                                              "

student name:

Date:

"

student name:

Date:

"

student name:

Date:

"

student name:

Date:

"

"

Student name:

Date:

"

"

Student name:

Date:

"

"

Student name:

Date:

"

student name:

Date:

"

student name:

Date:

"

student name:

Date:

"

"

student name:

Date:

"

"

student name:

Date:

"

"

student name:

Date:

"

student name:

Date:

"

student name:

Date:

"

student name:

Date:

"

"

student name:

Date:

"

"

student name:

Date:

"

"

student name:

Date:

"

"

student name:

Date:

"

"

student name:

Date:

"

"

student name:

Date:

"

"

student name:

Date:

"

"

student name:

Date:

"

"

student name:

Date:

"

,,

Student name:

Date:

"

,,

Student name:

Date:

"

,,

Student name:

Date:

"

"

Student name:

Date:

"

"

Student name:

Date:

"

"

Student name:

Date:

"

"

Student name:

Date:

"

"

Student name:

Date:

"

"

Student name:

Date:

"

"

student name:

Date:

"

"

student name:

Date:

"

"

student name:

Date:

" _____

_____

_____

_____

_____ "

student name:

Date:

" _____

_____

_____

_____

_____ "

student name:

Date:

" _____

_____

_____

_____

_____ "

student name:

Date:

"

"

STUDENT NAME:

Date:

"

"

STUDENT NAME:

Date:

"

"

STUDENT NAME:

Date:

"

"

student name:

Date:

"

"

student name:

Date:

"

"

student name:

Date:

"

"

student name:

Date:

"

"

student name:

Date:

"

"

student name:

Date:

"

""

student name:

Date:

"

""

student name:

Date:

"

""

student name:

Date:

"

"

student name:

Date:

"

"

student name:

Date:

"

"

student name:

Date:

"

"

student name:

Date:

"

"

student name:

Date:

"

"

student name:

Date:

"

"

Student name:

Date:

"

"

Student name:

Date:

"

"

Student name:

Date:

"

"

student name:

Date:

"

"

student name:

Date:

"

"

student name:

Made in the USA
Monee, IL
19 December 2019